L7/387 K

Lk 387.

SIÉGES

SOUTENUS

PAR LA VILLE D'ARGELÈS EN VALLESPIR

PROVINCE DE ROUSSILLON.

SIÉGES

SOUTENUS

PAR LA VILLE D'ARGELÈS EN VALLESPIR

PROVINCE DE ROUSSILLON

PAR

Ernest DELAMONT

BORDEAUX

IMPRIMERIE GÉNÉRALE DE Mme CRUGY,
rue et hôtel Saint-Siméon, 16.

1861

EXTRAIT

Du Rapport présenté à l'Académie impériale des Sciences de Toulouse par la Commission des médailles (classe des Inscriptions et Belles-Lettres).

. . . . . Le mémoire envoyé de Bordeaux par M. Delamont (Ernest) est intitulé : *Des siéges soutenus par la ville d'Argelès, en Roussillon.* Argelès, située dans ce petit pays qu'on nomme le Vallespir, et qui s'étend comme une lisière tout le long de la vallée du Tech, entre la France et l'Espagne, est aujourd'hui une bourgade ouverte; mais elle avait, au moyen âge, ses murailles, ses tours et ses fossés, qui expliquent le titre peut-être un peu ambitieux du mémoire. Par quel motif l'auteur, qui habite Bordeaux, a-t-il pu s'intéresser aux destins d'une petite ville si éloignée du lieu de sa résidence ! Selon toute apparence, M. Delamont est originaire d'Argelès, ou tout au moins du Vallespir, et son travail serait un tribut pieux, payé au sol natal, par un amour qu'avive encore l'éloignement. Cet amour toutefois ne l'a pas aveuglé. M. Delamont aurait pu, les chroniques de Catalogne l'y autorisaient, faire remonter la fondation d'Argelès jusqu'à Hercule, au XVIIe siècle avant Jésus-Christ; il a eu le mérite, moins rare, du reste, aujourd'hui qu'autrefois, de renoncer à cette prétention. Il aurait pu aussi, c'était d'abord son dessein, tenter une histoire complète de la localité; mais, laissant de côté les faits insignifiants, il s'est attaché à ceux qui tiraient leur intérêt de la situation même d'Argelès, qui, voisine de la frontière d'Espagne, et placée sur la route de Perpignan à Collioure, avait une certaine importance stratégique, en permettant à ceux qui en étaient maîtres, d'intercepter les communications entre la mer et la capitale du Roussillon. M. Delamont raconte avec détail tout ce qui se rapporte à son sujet, depuis 1298, où Jacques Ier, roi de Majorque, signa la paix dans les murs d'Argelès avec Jacques II d'Aragon, jusqu'aux guerres de 1793 et de 1794, où, comme antérieurement en 1641 et en 1642, la possession de cette petite ville décida du sort de la province. Non-seulement l'auteur a recueilli tous les documents épars dans une foule d'ouvrages imprimés, soit français, soit espagnols, mais il a compulsé deux manuscrits conservés à Paris, à la Bibliothèque impériale, et un autre qui appartient à la Bibliothèque de Perpignan. Son mémoire, fruit de patientes et consciencieuses recherches, écrit avec une simplicité où l'art fait un peu défaut, mais non pas la méthode (suivant la judicieuse remarque de M. Baudouin, rapporteur spécial), a été jugé digne d'une médaille d'argent.

SIÉGES

SOUTENUS

PAR LA VILLE D'ARGELÈS EN VALLESPIR

PROVINCE DE ROUSSILLON

Si nous en croyons l'annaliste de Catalogne, Feliu de la Peña, et Pujades, Argelès aurait été fondé l'an 1710 avant J.-C. [1]

« Après la mort d'Hispan, dit Feliu de la Peña, Hercule, ac-
» compagné d'une multitude de Toscans, d'Illyriens et de Grecs,
» vint en Espagne et arriva aux Pyrénées, où il fonda Livia, à
» une lieue de Puycerda. Il envoya les Toscans vers les mon-
» tagnes, du côté de la Méditerranée; ils fondèrent Barbara, Ba-
» ñuls del Volo, Bañuls dels Aspres, ARGELÈS, le Volo, la Clusa,
» le Perthus, Thuir, Prats, Castellnou, Ruscino en Roussillon,
» ville très-noble et colonie romaine. En Conflent, ils fondèrent
» Mosset, Py, Sahorre, Boula-Ternera, Vernet et Rhodez. »

Sans nous arrêter à examiner l'opinion de l'annaliste catalan, qui nous paraît un peu trop fabuleuse, cherchons dans le domaine de la vérité.

Nous trouvons Argelès mentionné pour la première fois dans

---

[1] *Cronica universal del principat de Catalunya*, par Pujades, l. I, ch. II, Ms. de la Biblioth. impériale. — *Anales de Cataluña*, 3 vol. in-fol., 1709, par Feliu de la Peña, t. I, chap. XI, p. 31, col. 2.

un diplôme accordé à l'abbaye de Saint-Genys-des-Fontaines, en Roussillon, par le roi Lothaire, en l'an 981, où cette ville est citée comme limite des possessions du couvent [1].

L'histoire est complètement muette sur Argelès pendant les XIe, XIIe et presque tout le XIIIe siècle ; ce n'est qu'en 1298 que nous retrouvons cette ville.

Jacques Ier, roi de Majorque, s'était vu forcé par son frère Pierre, roi d'Aragon, de lui faire hommage de sa couronne que leur père Jacques Ier le Conquérant avait, par son testament fait à Montpellier le 17 des kalendes de septembre (26 août) 1272, institué libre et indépendante. Après de longues années de guerre pendant lesquelles le monarque aragonais était mort (1285), par l'intermédiaire du pape Boniface VIII, un traité fut signé entre Jacques II, roi d'Aragon, et Charles, roi de Sicile, le 14 novembre 1294, dans lequel il fut convenu que le roi d'Aragon rendrait à Jacques, souverain légitime de Majorque, son royaume. L'exécution aurait suivi de près la promesse, si le roi de Majorque n'avait lui-même causé quelques retardements par une protestation qu'il crut devoir au principe d'indépendance de sa couronne, avant même de la posséder ; par acte du 10 des kalendes de septembre (23 août) 1295, il protesta contre la conduite violente de son frère, quand il le força à lui faire hommage de sa couronne [2].

Quoique clandestine, ainsi que le prétend dom Vaissette [3], cette protestation arriva jusqu'à la connaissance du roi d'Aragon, et le porta à retarder la restitution du royaume de Majorque ; mais, sur les instances du roi de France, Jacques d'Aragon remplit sa promesse et rendit au Majorquin son royaume en 1298, à la suite d'un traité signé entre les deux souverains le 29 juin de

---

[1] Marca, p. 926, Inst. CXXIX.
[2] Martenne, *Thes. anecdot.*, t. 1, pag. 1272 et seq.
[3] *Hist. de Languedoc*, t. IV, p. 67.

cette année à Argelès, où le lendemain même (30 juin) le roi de Majorque fit hommage de sa couronne au roi d'Aragon [1].

Mais la paix ne pouvait durer entre le royaume d'Aragon et celui de Majorque. Aussi, à peine Pierre IV, roi d'Aragon, fut-il parvenu au trône (1336), qu'il chercha à s'emparer du royaume de Jacques II de Majorque, qui avait, en 1324, succédé à son oncle Sanche.

La guerre éclata, en 1342, entre l'Aragonais et le Majorquin, continua en 1343, et vint, en 1344[2], envahir le Roussillon, qu'elle avait jusque-là respecté.

En 1344, Pierre d'Aragon se transporte au monastère de N.-D. de Montserrat, offre à la Vierge une galère d'argent en actions de grâces de ses succès dans la guerre des deux années précédentes, franchit ensuite les Pyrénées à la tête d'une armée, et pénètre le 15 mai en Roussillon, où il ravage tout le pays aux environs du Boulou, d'Elne, etc., assiége Collioure, et se présente devant Argelès le vendredi 21 mai 1344[3].

Il établit son quartier du côté d'Elne, près de la tour de Pujols (qui dépendait de l'abbaye de Fontfroide, diocèse de Narbonne), place l'infant Pierre du côté de la rivière, et son second fils, don Jacques, du côté de la montagne ; met à sa gauche, entre la tour de Pujols et Argelès, Pierre de Monçade, et à sa droite Guerrau de Cervello, le vicomte de Cardone, Pierre de Fenouillet, et envoie Pierre de Queralt occuper la montagne.

Le dimanche 24 mai, jour de la Quinquagésime, par un canal que, selon Zurita, le roi avait fait creuser, et qui communiquait avec la mer, arrivèrent de nombreux approvisionnements qui se

---

[1] Dom Martenne, *ibid.*

[2] Bosch, *Titols de honor*, etc., 1628, in-fol., p. 57, col. 1 ; p. 206, col. 1.

[3] Zurita, *Anales de la corona de Aragon*, 1610, 7 vol. in-fol., t. II, p. 171 et seq. — Feliu de la Peña, *Anales de Cataluña*, t. II, l. XIII, ch. V, p. 319 et seq. — *Chron. den Pere*, par Carbonneil, in-fol., fol. 136.

trouvaient à Canet, ainsi qu'une machine de guerre (*enginy*). que l'on dressa immédiatement, et qui commença ce même jour à lancer des projectiles contre la ville [1] ; mais une pierre qu'on voulait lancer, étant trop lourde et faisant trop de contre-poids, fut envoyée par-dessus la machine, qu'elle brisa en retombant. Ce malheur fut promptement réparé, et, le lendemain lundi, cette machine put de nouveau battre la ville, à qui elle fit beaucoup de mal. Le roi fit, le jour suivant, placer à côté de cette machine un mangonneau [2] de deux livres de Barcelone, et, en outre, le mercredi on construisit une autre machine plus grande que la première, que l'on installa près de l'infant Pierre. Le jeudi, les assiégés placèrent une machine semblable à celle des Aragonais, et qui devint le but des machines ennemies. Le vendredi 28 mai, un renfort de deux cent cinquante chevaux vint s'adjoindre aux assiégeants. Le roi Pierre les envoya se poster sous la ville, du côté de Collioure.

Voyant la défense d'Argelès, le roi réunit dans un conseil les principaux de son armée pour délibérer s'ils devaient continuer le siége ou ravager le pays d'alentour ; ceux-ci furent d'avis de donner l'assaut à la ville et de remettre à plus tard le dégât du pays.

Le roi résolut d'abord de s'emparer de la tour de Pujols et du château Amoros ; il fit sommer l'abbé de Fontfroide de rendre la tour de Pujols ; celui-ci s'y refusa. Pierre attaqua alors le château Amoros, qui était contigu à la place ; il fit, à cet effet, construire

---

[1] C'est probablement de la machine de guerre connue sous le nom de catapulte qu'il est question.

[2] D'après Guillaume le Breton, « *le mangonneau fait voler dans les airs de petits cailloux. La pierrière est mise en mouvement par des cordes que l'on tire à force de bras, et, roulant ainsi en sens inverse sur un axe incliné, lance, plus rapides que les plus grandes frondes, des blocs de pierre tout bruts et d'un tel poids, que huit bras suffiraient à peine pour en soulever un seul.* » Philippide, ch. XI, collect. Guizot, t. XII, p. 35.)

une tour en bois et établir une grande machine de Barcelonne. A la première attaque, le commandant de la tour Amoros fut tué ; ce que voyant, la garnison se retira dans la ville.

Pierre tourna ensuite ses efforts contre Argelès, et, le 1er juin, il fit donner l'assaut. Les Aragonais se seraient probablement emparés de la ville si la nuit n'était arrivée, et aussi sans la résistance opiniâtre d'une compagnie de Génois à la tête de laquelle était un vaillant chevalier français nommé Geoffroi de l'Estendart.

Les Aragonais continuèrent cependant à lancer des projectiles contre la ville et à l'inquiéter, et si bien firent, que les assiégés, déjà effrayés par la violence de l'attaque et craignant de ne pouvoir résister à un nouvel assaut, envoyèrent, le lendemain 2 juin, une députation au roi pour traiter de la reddition de la ville, dont on convint en cas qu'elle ne fût pas secourue dans trois jours. Malgré la vive opposition des Génois qui formaient la garnison d'Argelès, la capitulation fut conclue aux conditions honorables que pouvaient désirer les assiégés.

La reddition de la ville eut lieu le 6 juin. Le roi Pierre attaqua ensuite la tour de Pujols dont la résistance, quoique de peu de durée, fut très-vive ; il arma ensuite chevalier dans Argelès Jacques d'Aragon, fils naturel de Jacques II, et partit pour aller presser le siége de Collioure, laissant dans Argelès, pour gouverneur, François-Guillaume de Guimera [1].

---

[1] *Chronica den Pere*, par Carboneil, fol. 136 et seq. — Feliu de la Peña, t. II, p. 319 et seq. — Zurita, t. II, p. 171.

LOUIS XI ET JEAN II.

Ce n'est que plus d'un siècle après que nous retrouvons Argelès sous le règne des deux bons rois Louis XI et Jean II, en 1473.

Le monarque aragonais avait engagé au roi de France les deux comtés de Roussillon et de Cerdagne, dont les Français s'étaient rendus maîtres en peu de jours[1]. Aussi peu scrupuleux que Louis, le roi Jean chercha ensuite le moyen de recouvrer ces comtés sans rendre à Louis XI l'argent qu'il en avait reçu[2]. Ce fut par la révolte des populations contre les garnisons françaises qu'il essaya de ramener le Roussillon et la Cerdagne sous sa domination ; il voulut, par sa présence, encourager ses peuples, et sortit à cet effet de Barcelonne le 29 décembre 1472 pour se rendre dans les deux comtés. Il se présenta devant Perpignan avec quelques troupes pendant la nuit du 1er février 1473. Au cri d'Aragon que poussèrent les soldats du monarque aragonais, Jean Blanca, premier consul de Perpignan, alla, avec ses quatre collègues, leur ouvrir la porte de Canet[3].

Surpris dans leur sommeil, les Français n'opposèrent nulle résistance, et, excepté ceux qui purent se réfugier dans le château, ils furent tous massacrés. Perpignan avait donné l'éveil ; son exemple fut imité. A Elne, Bernard d'Oms fit révolter les habitants, qui chassèrent la garnison française et marchèrent sur

---

[1] Zurita, *Anales de la corona de Aragon*, t. IV, l. XVII, ch. XLV, p. 119.
[2] Philippe de Commines dit 300,000 escus ; Zurita, 200,000 (p. 119), quoique, quelques pages plus loin (p. 200), il parle de 300,000 couronnes que le roi Jean demandait à ses sujets pour acquitter sa dette, et, p. 208, les 300,000 écus sont mentionnés.
[3] Zurita, *Anales*, etc., t. IV, ch. XLVIII, l. XVIII, p. 191.

Canet et Argelès. Les habitants de cette dernière ville attaquèrent également la garnison et la forcèrent à abandonner la place [1].

Mais Argelès ne conserva pas longtemps la nationalité qu'elle venait de conquérir.

Les deux rois Louis XI et Jean II employaient, pour obtenir la possession du Roussillon et de la Cerdagne, tous les moyens que leur astucieuse politique pouvait leur suggérer, quoique envoyant de nombreuses troupes dans les deux comtés.

En juin 1474, une armée française entra en Roussillon, s'empara de Claira, Torreilles, Villelongue, Sainte-Marie-la-Mer, Canet, etc. Quatre mille quatre cents archers allèrent camper à Saint-Cyprien pour faire le siége d'Elne, et, le 17 juin, une garnison fut placée à Argelès, que les Aragonais avaient abandonné faute de troupes pour sa défense. « Et cette place, dit l'annaliste aragonais, était pour les nôtres d'une fort grande importance [2]. »

L'armée française occupa, en outre, Maureillas et Ceret, et s'empara des passages, afin que les Aragonais ne pussent ni entrer en Roussillon, ni en sortir.

Argelès, ainsi que le reste du Roussillon, resta sous la domination française jusqu'au moment où Charles VIII voulut entreprendre l'expédition d'Italie et assurer, avant de partir, la tranquillité de son royaume.

Pour conjurer la guerre qui était sur le point d'éclater entre la France et la maison d'Autriche, il rend la Franche-Comté et l'Artois, et, pour capter l'amitié du roi d'Aragon Ferdinand, il lui livre le Roussillon et la Cerdagne par un traité où, après avoir déclaré que les deux comtés seraient évacués quinze jours après la ratification, il laisse insérer ce singulier article, que les deux

---

[1] Zurita, ibid. — Histoire d'Espagne de Ferreras, traduction de d'Hermilly, t. VII, p. 360.

[2] Zurita, Anales, etc., t. IV, p. 210 et seq. — Bosch, Titols de honor, p. 60.

comtés seraient rendus à l'Espagne sous la condition de revenir à la France, si en aucun temps il était reconnu qu'ils lui appartenaient, par des arbitres nommés par le roi d'Espagne (art. 8).

Le roi Charles signa ce traité le 18 janvier 1493, et le roi d'Espagne, le 19 du même mois.

Le terme fixé pour l'évacuation du Roussillon était expiré depuis longtemps, et rien n'annonçait de la part de la France le désir de remplir cet engagement.

Le conseil du roi et le Parlement de Paris, qui de tout temps s'étaient opposés à cet abandon, ne négligeaient rien pour l'empêcher, et soutenaient le gouverneur du Roussillon, de Venez, qui s'efforçait de faire naître des incidents propres à amener une rupture.

Voyant ce qui se passait, les Espagnols avaient tramé une conspiration dans le but de s'emparer de Perpignan, et l'amiral aragonais Bernard de Villamarin était venu, avec trois galères, mouiller à Collioure, qui devait lui être livré. Après la prise de ces deux villes, on devait, avec l'artillerie des galères, marcher sur les principales places du Roussillon, et premièrement sur Argelès et sur Elne; mais de Venez eut vent de ce complot et demanda l'envoi de nouvelles troupes pour garder les places menacées.

Cependant, sur les ordres réitérés de Charles VIII, eut lieu la remise solennelle des deux comtés. Le 10 septembre 1493 vit consommer ce « méfait politique[1]. »

---

[1] *Hist. de Charles VIII*, par le comte Philippe de Ségur, t. 1, p. 236.

Appelée par les vœux des Catalans, une armée française forte de 14,000 hommes entra en Roussillon le 3 juin 1641. Le 6, le comte de Tonnerre s'empara de Canet à la tête du régiment d'Enghien, et, le 9, le vicomte d'Arpajon vint se présenter devant Argelès, où il entra le même jour. A l'approche des Français, les habitants se révoltèrent contre la garnison, qui était composée de deux compagnies de Napolitains, la passèrent au fil de l'épée (*passados por il cuchillo*); une trentaine d'hommes parvinrent seuls à s'échapper et se retirèrent dans l'église, où ils se défendirent jusqu'à l'arrivée d'Arpajon, qui les envoya, sous escorte, à Truillas [1].

Comprenant toute l'importance de la ville d'Argelès par rapport à la facilité qu'elle apportait au passage des convois destinés à ravitailler Perpignan, le 13 juin, le vicomte d'Arpajon s'empressa d'en augmenter les moyens de défense et de prendre toutes les mesures nécessaires à sa conservation.

La possession d'Argelès était, pour celui des deux partis qui en était le maître, un immense avantage, et les chefs des deux armées belligérantes le comprenaient si bien, que, tandis que l'un ne négligeait rien pour en empêcher la prise, l'autre avisait aux moyens d'en déloger l'ennemi.

Perpignan, qu'assiégeait l'armée française, était réduite aux horreurs de la famine, et une flotte espagnole, chargée de vivres qui lui étaient destinés, venait de débarquer à Collioure le 15 novembre ; par suite de la possession d'Argelès par les Français, la

---

[1] *Historia general del principado de Catalunya y condados de Rossellon y Cerdaña*. Manuscrit, Bibliothèque impériale, n° 217 (Suppl.), 3 vol. in-fol., t. II, p. 140. — *Gazette* du 21 juin 1641 ; *idem*, 3 juillet 1641. — *La Prise des villes de Canet et d'Argiliers* (sic) *dans le comté de Roussillon*. Paris, 1641, in-8°, p. 6.— *Description de la province de Roussillon*, par Carrère; 1787, in-8°, p. 13, 74.

communication entre Collioure et Perpignan était sinon impossible, du moins très-difficile.

En présence d'une telle situation, le gouverneur de Perpignan sort de la ville, et vient attaquer les Français et les Catalans à Argelès, où venait d'arriver, le 18 novembre, le maréchal de Brézé[1]; mais, après trois jours de combat, il est repoussé. Cependant la position de Perpignan devenait de jour en jour plus terrible, et la famine était telle que, le 25 décembre (1641), on ne trouvait pas dans la ville, au dire du bon notaire Paschal, le moindre morceau de viande pour célébrer la Noël, « *faute de quoi*, continue-t-il, *nous l'avons fait avec une sardine, et encore ç'a été pour nous une grande joie que de l'avoir*[2]. » Et nous lisons en outre, dans la *Gazette* du 1er janvier 1642 : « Perpignan est aux abois, ceux de dedans estant réduits à trois onces de pain par jour[3]. »

En présence de pareilles extrémités, le gouverneur de la ville se décide à tenter un suprême effort. Il prévient le gouverneur de Collioure, et combine avec lui une attaque sur Argelès. Le 4 janvier 1642, ils arrivent devant la place, qui était commandée par le sieur de Gatignes; de part et d'autre on déploie une égale valeur. Mais, enfin, après trois jours de combat, les Espagnols entrent dans la ville, où ils trouvent la garnison composée de huit cents Français ou Catalans; ceux-ci furent envoyés en Catalogne, désarmés, nu-tête, comme rebelles à leur roi, et les Français furent dirigés sur Elne[4].

Un fait digne de remarque nous est signalé par l'annaliste Feliu de la Peña, qui nous apprend que le marquis de Torrecusa, commandant l'armée espagnole, ne comprit pas dans la capitulation

---

[1] *Gazette* du 3 mars 1642.

[2] Paschal, p. 40. Manuscrit conservé à la bibliothèque de Perpignan sous le titre de *Differentes notas curiosas*.

[3] *Gazette* du 1er janvier 1642.

[4] Manuscrit de Paschal, p. 40.

les Catalans qui se trouvaient à Argelès, les considérant comme amis, « *uzando de la bizarria de llamar los amigos*, » ou, comme dit l'écrivain catalan, généreux jusqu'au point de les appeler amis. L'on peut, par ses effets, juger de cette générosité tant vantée par le superstitieux écrivain catalan, dont la partialité n'est pas le moindre défaut [1].

Au nombre des prisonniers français se trouvait un Roussillonais, Jean-Jérôme-Maria de Ria, en Conflent, qui, après s'être racheté de ses propres deniers, fut, le 5 janvier 1646, créé citoyen noble de Perpignan, à cause de sa valeur pendant la guerre, et en particulier aux siéges d'Argelès, d'Ille et de Perpignan [2].

Mais Argelès n'était pas pour longtemps au pouvoir des Espagnols, et l'active vigilance du maréchal de Brézé annulait d'ailleurs l'avantage qu'ils auraient pu retirer de la possession de cette place; car à trois différentes reprises ils tentèrent, mais en vain, de faire entrer des secours dans Perpignan [3].

Le dimanche 16 mars, à trois heures du matin, le maréchal de la Meilleraye se présenta devant Argelès et fit mettre le canon en batterie devant la place, en attendant que le corps de l'armée arrivât. Il alla assiéger Collioure, laissant, pour continuer le siége d'Argelès, le maréchal de camp de Trois Villes avec les régiments d'Enghien, Conty, Roquelaure et la Couronne, ainsi que la moitié des gendarmes, chevau-légers et les mousquetaires du roi.

La résistance de la ville ne fut pas longue; car, ce même jour, Argelès revenait à la France par la capitulation de quatre cents Espagnols qui en formaient la garnison, et que cent soixante

---

[1] *Anales de Cataluña*, par Feliu de la Peña, t. III, p. 295.

[2] Pugnasti pro Domino nostro rege pedester et æquester tuis propriis sumptibus in his proximis bellis et pugnis comittatus Rossilionis pro ut opportebat, et signanter in obsessionibus de Argeleriis, Illa et Perpiniani in qua de Argeles captus ab inimicis fuistis.

[3] *Gazette* du 8 février 1642, n° 18, lettre du camp d'Elne du 22 janvier 1642.

coups de canon tirés contre la ville amenèrent à se rendre [1]. Ils furent envoyés à Montpellier, et passèrent à Narbonne le 25 du même mois, au nombre de trois cent quatre-vingts, dont trois capitaines, cinq alfères et six sergents [2].

Dix-sept ans après, le traité des Pyrénées donna définitivement à la France Argelès, ainsi que toute la belle province de Roussillon.

[1] *Gazette* du 1er avril 1642.
[2] *Gazette* de 1642, n° 44.

Une armée espagnole commandée par le général Ricardos avait pénétré en France par le Coll de Portells, le 17 avril 1793.

Le général espagnol résolut de s'emparer d'Argelès, et le 23 mai 1793 il envoya contre cette ville don Joseph Simon de Crespo, avec trois mille hommes d'infanterie, deux cent quarante chevaux et dix pièces de canon. A peine la ville d'Argelès conservait-elle quelques restes de ses anciens remparts, et elle n'avait pour garnison que cinq cents volontaires qui, avertis de l'arrivée des Espagnols, abandonnèrent la ville et se retirèrent à Collioure. La cavalerie espagnole se mit à leur poursuite et fit prisonniers quelques traînards [1].

A peine dans Argelès, les Espagnols en rétablirent les fortifications et y placèrent le magasin d'un camp qu'ils avaient établi sous la ville, du côté de la mer [2].

Le lendemain de la prise d'Argelès, le 24 mai, on brûla publiquement les décrets de l'Assemblée nationale, on força les habitants à prêter serment de fidélité au roi d'Espagne, à jurer de suivre la religion catholique, et aussi de se soumettre à l'ancien gouvernement [3].

D'Argelès, Crespo inquiétait fréquemment les Français, de telle sorte qu'il devenait urgent pour ceux-ci de se rendre maîtres de ce point important [4].

---

[1] *Moniteur.* — *Histoire de la guerre entre la France et l'Espagne pendant les années 1793, 1794, 1795*, par Louis de Marcillac; Paris, 1808, 1 vol. in-8°. — *Campagnes de la Révolution française en Roussillon*, par Fervel, 2 vol. in-8°. — *Géographie du département des Pyrénées-Orientales*, par Jalabert, 1 vol. in-8°.— Jalabert, p. 16. — Marcillac, p. 123. — Fervel, t. I, p. 53.

[2] Fervel, p. 63.

[3] Marcillac, p. 125.

[4] Marcillac, p. 150.

Dans la nuit du 2 au 3 octobre suivant, le général Delattre sortit de Collioure avec environ six cents hommes, et s'avança sur Argelès [1]. D'après les ordres de Ricardos, le brigadier don Eugenio Navarro, qui y commandait, l'évacua, et vint, par une manœuvre exécutée avec audace et bonheur, se replier sous le camp établi au Boulon, abandonnant dans Argelès deux mortiers, un canon qui n'avait pas de train, et en mettant le feu aux poudres [2].

Dans sa lettre à la Convention, le conventionnel Bonnet, envoyé en mission près l'armée des Pyrénées-Orientales, aux objets trouvés dans Argelès ajoute les suivants : « Deux mille matelas et beaucoup de boulets et de bombes [3]. »

« Nos communications, continue-t-il, sont par là rétablies entre Collioure et Perpignan pour le transport des substances et l'ensemble des mesures à prendre ; ce n'est pas un petit avantage. »

Ce n'était certes pas un petit avantage ; car, redevenus maîtres d'Argelès et ayant établi un camp à Villelongue, « nous nous trouvions maîtres de la plaine, et cette position de Villelongue nous était d'autant plus avantageuse, qu'avec elle et Argelès, nous conservions une communication par terre avec Collioure et Port-Vendres [4]. »

Comme on l'a vu jusqu'ici, la guerre n'a jamais envahi le Roussillon sans que le premier soin du général ennemi n'ait été de s'assurer la possession d'Argelès, et, par les quelques paroles du conventionnel Bonnet et du général Doppet, on peut juger de quelle importance était la possession de cette place pour celui qui l'occupait. Placée entre Collioure et Perpignan, cette der-

---

[1] Fervel, p. 165.
[2] Marcillac, p. 171. — *Moniteur* du 25 octobre 1793.
[3] *Moniteur* du 25 octobre 1793.
[4] *Mémoires du général Doppet*, Paris, 1824, 1 vol. in-8°, p. 235.

nière ville ne pouvait, en cas de siége, être ravitaillée qu'autant qu'Argelès n'était pas au pouvoir des assiégeants ; aussi avons-nous toujours vu la prise d'Argelès précéder celle de Perpignan.

Sentant l'immense avantage que la possession d'Argelès donnait aux Français, le général espagnol résolut de les en déloger, et don Joseph de Ituraguray, à la tête de neuf cents fantassins et cinq cents chevaux, entra, le 14 décembre 1793, à quatre heures du matin, dans Saint-André et Palau, qui se trouvaient complètement dégarnies de troupes, et s'avança le 15 sur Argelès ; il aperçut, en approchant de cette ville, les Français qui s'étaient formés en bataille sur une hauteur contiguë à une redoute située en avant de la ville; l'infanterie espagnole commença le feu, et don Ituraguray, avec sa cavalerie, s'avançait sur le flanc droit des Français, lorsque ceux-ci se retirèrent. Les uns entrèrent dans la ville, la plus grande partie se dirigea vers Collioure. Ceux qui se trouvaient dans la ville ne purent se défendre, et les Espagnols pénétrèrent dans Argelès, où ils firent sauter une poudrière qui se trouvait dans une tour de l'enceinte, et se retirèrent emmenant avec eux trois cent trente-un prisonniers, dont quinze officiers, et en outre trois drapeaux [1].

Les Espagnols, ayant besoin de leurs troupes pour le siége de Collioure, ne laissèrent pas de garnison à Argelès.

Six jours après la capitulation de cette ville, le général Delattre évacuait Collioure (20 décembre), à onze heures du soir, avec deux cents hommes ; il traversa Argelès et se rendit à Elne vers les cinq heures du matin.

Après la prise de Collioure, une garnison espagnole fut aussitôt envoyée à Argelès.

Sur ces entrefaites, était venu se mettre à la tête de l'armée des Pyrénées-Orientales le général Dugommier. Il avait trans-

---

[1] Marcillac, p. 206. — Fervel, p. 231.

porté son quartier général à Pollestres ; il se décida à tenter un grand coup et à refouler au loin l'Espagnol.

Dans son plan de bataille, entre autres choses il décide l'envoi de « *cinq mille hommes avec un détachement de hussards, avec l'artillerie convenable, qui iront stationner à la tête de l'étang d'Argelès et développer une ligne qui s'étendra sur le Puig-Val-Marie, par le Mas-Jordy, et au delà, afin de fermer toute issue à la garnison d'Argelès et la forcer de mettre bas les armes.* Si ces mesures, ajoute Dugommier, *peuvent être couronnées par l'arrivée de nos chaloupes canonnières et de nos bombardes vis-à-vis de Collioure et de Port-Vendres, il est vraisemblable que l'Espagnol, bloqué par terre et par mer, n'aura aucune ressource pour échapper à une défaite complète*[1]. »

Et ainsi il advint ; car le 1er mai 1794, qu'on a appelé le plus beau jour des Pyrénées-Orientales, vit les bataillons ennemis en fuite sous le Boulou, et Milhaud, Soubrani (conventionnels) et Dugommier pouvaient écrire à la Convention : « *Citoyens, toutes les montagnes sont à nous ; elles nous ont donné tous les postes de l'ennemi ; sa déroute est complète.* »

A la suite de cette affaire, le comte de la Union, général de l'armée espagnole, tint un conseil de guerre où il fut résolu de battre en retraite, et ordre fut donné au général Navarro d'évacuer Argelès.

Après la bataille, Dugommier avait immédiatement envoyé le général La Barre avec quinze cents chevaux pour envelopper cette place ; mais ce général éprouva quelque retard dans sa marche ; et lorsque, le 2 mai, à quatre heures du matin, il arriva devant la ville, la garnison espagnole l'avait déjà abandonnée.

En même temps que lui, y arriva un détachement de l'armée française de trois mille hommes, et Dugommier lui-même, dans l'après-midi, avec la division Sauret.

[1] *Mémoires* du général Doppet, p. 287.

Sans perdre de temps, Dugommier trace ses plans pour enlever aux Espagnols ce qu'ils possédaient encore en Roussillon; pendant que douze cents hommes de la brigade Victor couvraient Argelès, il en part à la nuit tombante avec quatorze mille, et, par une opération des plus hardies et des plus habiles, il enveloppe Port-Vendres, Collioure et le fort Saint-Elme. Le fort Saint-Elme et Port-Vendres sont abandonnés de leurs défenseurs; Collioure, défendue par sept mille hommes, capitule le 20 mai, et, après avoir repoussé l'Espagnol, l'armée française entrait le 7 juin en Catalogne [1].

[1] *Moniteur du 7 mai 1794.* — Marcillac, p. 50. — Fervel, t. II, p. 67. — *Victoires et conquêtes des Français*, etc., t. II, p. 246, 268.

www.ingramcontent.com/pod-product-compliance
Lightning Source LLC
Chambersburg PA
CBHW060608050426
42451CB00011B/2138